Tafeltraube

SIMONE J. TASCHÉE
KLAUS POSTMANN

MIT ILLUSTRATIONEN VON
LINDA WOLFSGRUBER

mandelbaums *kleine gourmandisen*
N° 49

www.mandelbaum.at
www.mandelbaum.de
ISBN 978-3-99136-010-0

1. Auflage 2023
Lektorat: Margot Fischer
Satz und Umschlaggestaltung: Michael Baiculescu
Illustrationen: Linda Wolfsgruber
Druck: Interpress, Budapest

PROLOG

Trauben – botanisch korrekt gesagt: die in Rispen stehenden Beeren – sind die Früchte des Rebstocks. Wahrscheinlich denken Sie jetzt unweigerlich an den Hauptzweck ihrer Verwendung, an Wein – jenes traditionelle Genuss- und Lebensmittel, das durch die alkoholische Vergärung von Traubenmost (gepresste Trauben) gewonnen (in der Fachsprache gekeltert) wird. Doch neben ihrer Aufgabe als Kelter- oder Weintraube findet die Traube auch als Tafel- oder Speisetraube ihre Abnehmer. Tafeltrauben werden im Gegensatz zu Keltertrauben für den Frischverzehr oder für die Produktion von Rosinen angebaut; dass es dabei wesentliche Unterschiede zur Weintraube gibt, möchten wir im vorliegenden Buch zur Tafeltraube zeigen. Folglich verstehen wir die Traube in diesem Buch ausschließlich als Tafel- oder Speisetraube, ob frisch als Obst oder getrocknet als Rosinen. Sämtliche flüssige Veredelungen, sei es Traubenmost (alkoholfreier, geschwefelter Frischsaft der Traube) und Wein, Traubensaft (pasteurisierter und ungeschwefelter Traubenmost), Verjus (essig-ähnlicher, unvergorener saurer Saft unreifer Trauben) oder Branntwein (Wein- und Tresterbrand), werden wir in der vorliegenden Gourmandise *nicht* behandeln. Dies betrifft auch sämtliche Anwendungen im Rezeptteil, die sich ausschließlich mit Beeren und Rosinen als Kochzutaten beschäftigen.

DIE REBE ALS TRAUBENLIEFERANT

Sucht man in älterer deutschsprachiger naturgeschichtlicher Literatur nach dem Begriff Tafeltraube, so wird man selten fündig. Der Anbau von Trauben als spezielles Speiseobst hatte in unseren Breitengraden bis in die 1970er-Jahre keine Tradition und kaum Marktchancen. Erst die Urlaubsreisen in südliche Länder wie Italien, Griechenland oder Nordafrika brachten uns Mitteleuropäer in Kontakt mit frischen, mediterranen Traubensorten, womit neue Vertriebsideen für den Traubenanbau entstanden. Bis dahin galt die Traube als Rohware der Weinproduktion, abseits von Weingärten wurde der Rebstock lediglich als Zierrebe entlang von Hausmauern oder als Pergolabegrünung zum Sonnenschutz eingesetzt. Diese Trauben wurden gerne frisch gegessen, meist jedoch zur Produktion von einfachem Haustrunk verwendet.

Bis weit ins 20. Jahrhundert mussten Trauben andere Anforderungen erfüllen als heute. Die Sortenauswahl eines Weingartens wurde von Winzern ertragsmäßig an den lokalen klimatischen Bedingungen für eine verlässliche Weinproduktion ausgerichtet. Der Verzehr von Trauben in Form von Obst in größeren Mengen hätte die Wirksamkeit und Wirtschaftlichkeit von Weingärten gestört. Zudem brachte der Wein als alkoholisches Produkt wesentlich höhere finanzielle Erträge, weshalb die Verwendung von Trauben als Obst vielerorts schlichtweg unüblich war. Aus der Sicht der Konsumenten kam hinzu, dass man das heutige Qualitätsniveau nicht kannte. Wurden Trauben gegessen, dann waren es klassische Weintrauben. Ohne die Frische, Intensität und Saftigkeit, wie man es von moderner Importware kennt. Selbst die Kerne in der Beere störten früher niemanden, man aß sie mit oder spuckte sie einfach aus, ähnlich wie bei Kirschen oder anderem Steinobst. Moderne Speisetrauben hingegen müssen lockerbeerig, groß, knackig, süß sein – und vor allem kernlos!

ZUR LANGEN GESCHICHTE DER TRAUBE

Die Jahrtausende alte, besondere Rolle des Rebstocks zeigt eine Überlieferung von Olympias von Epirus, Mutter von Alexander dem Großen, aus dem 4. Jahrhundert v. Chr.: »Aus meiner Brust spross ein riesiger Weinstock, der mit seinen Ranken und seinen Trauben die ganze Welt bedeckte.« Kaum ein anderes Gewächs kann auf eine derart lange nachgewiesene Geschichte zurückblicken wie die Rebe. Erste fossile Funde stammen aus der Kreidezeit vor bis zu 60 Millionen Jahren. Als der Mensch vor gut einer Million Jahren den aufrechten Gang probierte, war Europa bereits von einer Fülle an wilden Rebpflanzen bewachsen. Die Wildrebe *Vitis vinifera* subspez. *sylvestris* überdauerte als einzige Spezies die Kälte vieler Eiszeiten, um in Vorderasien als genetische Basis der heutigen weintragenden (*vinifera*) Pflanze zu überleben. Diese wilde Rebe spielt im Weinbau keine Rolle mehr, die vom Menschen gezüchtete Kulturrebe *Vitis vinifera* subspez. *vinifera* gilt heute als die entscheidende Spezies. Darunter werden rund 10.000 kultivierte Rebsorten verstanden, von denen rund 150 im weltweiten Weinbau von Bedeutung sind.

Der Anfang des Rebanbaus wird auf 5000 v. Chr. datiert; die damaligen Zentren lagen südlich des Kaspischen Meeres, im Zweistromland Mesopotamien, geprägt durch die beiden großen Flüsse Euphrat und Tigris, und reichten bis zum Persischen Golf. In dieser wichtigen Epoche der ersten menschlichen Hochkultur entwickelte sich neben technischen und kulturellen Neuerungen auch der Weinbau. Die erste Blütezeit lag in der griechisch-mykenischen Zeit um 1600 bis 1200 v. Chr., die Griechen brachten die Rebstöcke und den Weinbau im Zuge ihrer Kolonialisierungen mit nach Südeuropa, von wo sie ihren Siegeszug durch die ganze Welt antraten.

In Mitteleuropa war die Rebe als wildwachsender Traubenlieferant bereits ab der Zeit um 3000 v. Chr. bekannt, wie jungsteinzeitliche Funde von Traubenkernen im Raum Krems in Niederösterreich belegen. Der erste Nachweis von Kulturreben konnte mit Funden von Traubenkernen entlang der March in Niederösterreich aus der Zeit um 900 v. Chr. erbracht werden. Als einer der frühesten überlieferten Weinbauexperten gilt der römische Universalgelehrte Plinius der Ältere (23 bis 79 n. Chr.). In seinem umfangreichen Werk über die Naturgeschichte *Naturalis Historia* widmete er ein gesamtes Kapitel dem Thema Wein. Darin nannte er erstmalig 91 verschiedene regionale Rebsorten, hinter denen sich allerdings oft dieselbe Sorte mit unterschiedlichen Namen verbarg. Unterscheidungen in Kelter- und Tafelsorten nach heutiger Sicht gab es jedoch noch keine.

Zur ersten Hochblüte des Rebanbaus im Raum des heutigen Österreichs kam es durch Kaiser Marcus Aurelius Probus und die weinverliebten Römer während seiner Amtszeit 275 bis 282 n. Chr. Auch wenn der Weinbau bereits vor dieser Zeit in nördlichen Provinzen bekannt war, wurde er erst durch Probus per Gesetz geregelt. Bis zu dieser Zeit war Weinbau außerhalb Italiens, Südfrankreichs und des südlichen Balkans einschließlich Griechenland zum Schutz des Weinbaus in den altrömischen Gebieten und zur Förderung der Weinausfuhr von dort verboten. Erst Probus förderte den Weinbau in den neu eroberten Regionen und brachte dazu auch eigene römische Rebsorten mit. Die römischen Legionäre wurden mit einer fixen Menge an Wein pro Tag bezahlt, was die Expansion des Rebanbaus außerhalb der römischen Stammgebiete entschieden förderte. Somit steht den Römern ohne Zweifel eine besondere Rolle in der Entwicklung des heimischen Traubenanbaus zu. Überall, wo die Römer als Eroberer hinkamen, brachten sie ihre Lebensart, ihre Sitten und ihre Weinkultur mit.

Viele dieser Traditionen rund um den antiken Rebanbau gingen in den dunklen Jahrhunderten Europas zwischen der Spätantike und dem frühen Mittelalter verloren. Erst mit Karl dem Großen begann ab 800 n. Chr. eine neue Blütezeit. In seiner Landgüterverordnung *Capitulare de villis* wurden sowohl Obstbau wie auch Weinbau neu geregelt, dabei griffen die detaillierten Verordnungen zumeist auf noch vorhandenes Wissen der römischen Landwirtschaft zurück.

2000 JAHRE AN SYMBOLISCHER WANDLUNG

Spätestens seit den Römern galt die Traube als Zeichen von Opulenz und Pracht für diejenigen, die sich an den süß-säuerlichen Aromen der Trauben, der Rosinen und des Weines erfreuen konnten. Der Konsum von Trauben als frisches Obst war üblich, Trauben vor allem bei wohlhabenden Bürgern als dekorativer Tafelaufsatz und Vorlegeobst beliebt. Die Veredelung zu Wein blieb jedoch immer das Ziel der Kultivierung. Gerade der Weinbau bietet bis heute über Generationen eine wichtige Einnahmequelle für Landwirte und Händler. Über Jahrhunderte gab es kaum ein Bauwerk oder einen Grabstein wohlhabender Bürger, wo Darstellungen von Weinsymbolen wie Ranken, Weinlaub, Trauben oder Arbeitsgeräte für den Rebanbau fehlten. Als Symbol des römischen Wein- und Fruchtbarkeitsgottes Bacchus wurde die Rebe mit reichem Blatt- und Traubenbehang zum Sinnbild der Fülle und des Reichtums. Dieser Bacchuskult fand in den Bacchanalien, den Bacchusfesten des antiken Roms, seinen ersten Höhepunkt.

Das Neue Testament erhob einige Jahrhunderte später das Blut Jesu in die christliche Symbolik und Liturgie, um den Bund Gottes mit den Menschen zu erneuern. Mit der wundersamen Wandlung von Wasser zu Wein durch Jesus Christus in der Bibel wurde festgeschrieben, dass Wein ein göttliches Getränk war, das man nicht in Form von Speisetrauben verschwendete.

Die Wahrnehmung als Speiseobst erfuhr die Traube erst im Barock. Zwar waren Darstellungen von Trauben als Obst in Form von Malereien und Mosaiken bereits in antiken Villen üblich, um den Wohlstand ihrer Besitzer zu illustrieren. Jedoch führten erst die Technik der naturgetreuen Wiedergabe wie auch das Interesse seitens der Kunst und deren Käufer um 1600 zur Entstehung des Stilllebens als eigenständige Gattung der Malerei. Im Stillleben fand frisches Obst, darunter vor allem Trauben, ihren wahren Einzug in die Wahrnehmung als Lebensmittel. Federführend war dabei der italienische Maler Giuseppe Arcimboldo, der für seine Komposition aus Früchten und Obst zur Legende wurde. Wie auf seiner Darstellung *Der Herbst* aus dem Jahr 1573 zu sehen ist, ist es vor allem das Arrangement von Trauben in vielfältigen Farben, das dem Bild prunkvolle Eleganz verleiht. Und wer konnte diese barocke Üppigkeit mehr lieben als der europäische Adel? Überbordendes Leben im leuchtend bunten Stil war en vogue, ab 1662 vor allem geprägt durch den Lebensstil und die etablierte Hofkultur des Sonnenkönigs Ludwig XIV.

FRISCHE TRAUBEN – LUXUS UND DEKADENZ

Die ganzjährige Verfügbarkeit von frischem Obst und Gemüse, wie wir sie heute kennen, war bis in das 19. Jahrhundert in den kühleren Teilen Europas nicht alltäglich – der Verzehr von erntefrischem Essen das ganze Jahr über war ein der Oberschicht vorbehaltener Luxus. So wartete man an den üppig gedeckten Tafeln mit außergewöhnlichsten Obst- und Gemüsesorten auf, um von Reichtum, Macht und Überfluss zu zeugen. Und was eignete sich dazu besser als die farbenfrohe Tafeltraube mit ihrer mediterranen Exotik und der religiösen Symbolik als Sinnbild des Blutes Christi.

Um frisches Obst beinahe das ganze Jahr über verfügbar zu machen, setzte man auf die Obstkultur unter Glas. Den Anfang machten dabei spezielle Glasglocken und ungeheizte Treibhäuser, die es erstmalig ermöglichten, verschiedene Obstsorten mit unterschiedlichen Reifeterminen und längerer Erntesaison zu kultivieren. Um die Versorgung mit botanischen Kostbarkeiten fortwährend zu ermöglichen, wurden prächtige Orangerie-Anlagen mit riesigen, ganzjährig beheizbaren Gewächshäusern angelegt. Das Konzept der Gewächshäuser kam erstmalig Anfang des 17. Jahrhunderts in den Niederlanden und in England auf. Diese frühen Exemplare litten noch an der Problematik der Bereitstellung einer angemessenen, ganzjährigen Wärme. Neue Technologien brachten jedoch immer bessere Glas- und Eisenbauteile hervor. Das erste vollständig beheizbare Gewächshaus Großbritanniens wurde 1685 im Londoner Chelsea Physic Garden fertiggestellt.

Ab 1678 errichtete Jean-Baptiste de La Quintinie, der Gartenbaumeister von Versailles, im Auftrag Ludwig XIV., den *Potager du Roi*, den Küchengarten des Königs. Darin experimentierte er zum ganzjährigen Anbau frischer Früchte wie Feigen oder Trauben auch mit gigantischen Treibhäusern und später mit Gewächshäusern. Jeder Fürst im Zeitalter des Absolutismus musste fortan sein eigenes Glashaus besitzen, um auch ganzjährig frisches Obst, allen voran Tafeltrauben, verspeisen zu können. Ein weiterer Höhepunkt dieser botanischen Prunkbauten waren sicherlich die künstlich angelegten und zum Teil verglasten Weinbergterrassen von Sanssouci im deutschen Potsdam. Diese Weinbergterrassen wurden 1744 von König Friedrich II. in Auftrag gegeben, um unterschiedliche heimische sowie ausländische Traubensorten zu kultivieren. Die empfindlicheren ausländischen Sorten wurden zum besonderen Schutz in 168 abschließbaren und verglasten Nischen untergebracht.

Durch billigere Kohle, Glas und Arbeitskräfte konnte zunehmend auch das vermögende Bürgertum Westeuropas ab Beginn der industriellen Revolution um 1750 ganzjährig beheizte Gewächshäuser unterhalten, vor allem in botanischen Randlagen wie England oder die Niederlande. In dieser Zeit wurden viele Rebsorten unter Glas angebaut, neue Sorten kamen auf den Markt, oft durch sorgfältige Züchtung für den Glashausanbau. Die meisten von ihnen überlebten nicht, wenige wie die Black Hamburg oder der Fosters Sämling sind noch immer verfügbar.

Eine Kuriosität aus der Zeit der Glashauskulturen darf aus unserer Sicht nicht fehlen: die Traubenschere. Sie entwickelte sich im 19. Jahrhundert aus der rigiden viktorianischen Tafeletikette. Für britische Adelige war es verpönt, Essen mit bloßen Händen berühren. Daher wurden zum Verspeisen von Trauben eigene Traubenscheren erfunden. Während der Mahlzeiten befolgte jeder, der Trauben aß, die strengen Regeln für die Verwendung dieser Traubenscheren. Man schnitt mit der Schere einzelne Beeren von der Traube, um sie dann mit einer eigenen Obstgabel aufzuspießen und zu essen. Es war auch gängige Praxis, die linke Hand vor den Mund zu halten, um schnell die Kerne auszuspucken, die nicht geschluckt wurden. Das viktorianische England war voll von diesen seltsam anmutenden Verhaltensregeln.

Traubenscheren sind auch ein gutes Beispiel dafür, wie Gebräuche handwerkliche Kunst ins Leben rufen können. Handwerker und Goldschmiede begannen, sich auf die Herstellung dieser Scheren aus echtem Sheffield Silber oder versilbertem Stahl zu spezialisieren. Die Griffe waren mit idyllischen Szenen des Landlebens, mit Trauben, Reben, Ernteszenen und bäuerlichen Motiven geschmückt. Der Brauch der Traubenschere hielt sich bis ins frühe 20. Jahrhundert, vor allem während der prachtvollen Periode der Belle Époque. Erst der Ausbruch des Ersten Weltkriegs ließ diese Gewohnheit in Vergessenheit geraten.

Auch wenn die Tradition der Tafeltraubenproduktion unter Glas in nördlichen Ländern eine längere Tradition hat, steht der Aufwand heute kaum noch dafür. Traubengewächshäuser müssen hoch und geräumig sein, was die Energiekosten in die Höhe treibt. Weiters ist es kaum möglich, neben Rebstöcken andere Kulturen zu ziehen. Rebstöcke treiben sehr früh aus, die Ranken nehmen anderen Pflanzen das Licht. Und da Reben auch im Gewächshaus Freunde vieler Schädlinge sind, müssen sie wesentlich häufiger gegen Krankheiten gespritzt werden als herkömmliches Obst oder Gemüse.

DER REBSTOCK UND SEINE BOTANIK

Nach der Begründung der binären Nomenklatur zur systematischen Benennung von Arten durch den schwedischen Naturforscher *Carl von Linné* ab 1753 begann sich die Wissenschaft der Rebsorten unter dem Begriff *Ampelographie* zu entwickeln. Diese Bezeichnung stammte vom Botaniker Philipp Jakob Sachs von Löwenheim, der 1661 ein gleichnamiges Werk über den Rebstock veröffentlichte. Es dauerte weitere 150 Jahre, bis sich der Begriff samt eigenständiger Wissenschaft nachhaltig festigte. Seit 1887, dem Veröffentlichungsjahr des *Handbuchs für Ampelographie* durch den deutschen Weinbaufachmann Hermann Goethe, gilt die Lehre über Rebsorten als eigene Disziplin. Durch sie werden sortentypische Merkmale beschrieben, weinbauliche Sortenmerkmale evaluiert und die Abstammung historischer Sorten aufgedeckt.

Botanisch betrachtet gehört die *Rebe* zur Familie der Weinrebengewächse *Vitaceae*, eine ausdauernde, sommergrüne Kletterpflanze. Die heute weltweit bestimmende europäische Rebe ist aus der Wildrebe *Vitis vinifera* subspez. *sylvestris* entstanden, die Kulturrebe *Vitis vinifera* subspez. *vinifera* stammt aus südlichen Gebieten, dem Mittelmeerraum und aus Vorderasien. Wegen ihrer Klimaansprüche gedeiht die Rebe bevorzugt in den gemäßigten Zonen der Erde. Diese Voraussetzungen findet sie auf der nördlichen Halbkugel in den Anbauzonen zwischen dem 30. und 50. Breitengrad (Europa, Asien, Nordafrika und Nordamerika). Auf der südlichen Halbkugel liegen die Anbauzonen zwischen dem 30. und 40. Breitengrad (Südamerika, Südafrika, Australien und Neuseeland). Sie benötigt eine ganzjährige Durchschnittstemperatur von zumindest 9 Grad Celsius. Bei Temperaturen unter minus 20 Grad Celsius neigt sie zum Erfrieren, bei ganzjährigen Temperaturen von über 20 Grad Celsius hingegen findet sie keine Winterruhe, treibt mehrmals im Jahr aus und stirbt nach wenigen Jahren an Erschöpfung.

WAS IST DRINNEN? DIE BESCHAFFENHEIT VON TRAUBEN

Die Frucht der Rebe ist die Beere, nicht die Traube. Die Traube (in der Fachsprache Rispe genannt) ist ein Blüten- oder Fruchtstand mit einem Stielgerüst (Kämme oder Rappen). Die Anzahl an Beeren pro Rispe sind sortenabhängig und reichen von lockerbeerigen 50 bis dicht wachsenden 300 Stück und mehr. Die wichtigsten Kennzeichen zur Bestimmung einer Traubenart sind die Form der Traube (walzenförmig, kegelförmig oder trichterförmig), die Beerengröße, die Beerenfarbe (Gelb, Grün, Rosé, Rot, Blau bis Schwarz) und die Beerenform (rund, oval oder länglich). Im modernen Anbau von Speisetrauben gelten andere Qualitätskriterien als im Weinbau, die Anforderungen an eine perfekte Speisetraube sind: lockerbeerig mit gleichmäßiger Beerengröße, kräftig in der Farbe, knackige Schale, saftig-festes Fruchtfleisch, langer Beerenstiel zum leichten Pflücken der Beeren und möglichst kernlos oder zumindest kernarm. Durch schonende Ernte wird darauf geachtet, dass auf den Trauben keine Quetschungen oder Druckstellen entstehen. Folglich kann die Ernte von Tafeltrauben nur von Hand erfolgen. Dabei werden lediglich aromareife Trauben geerntet, im Gegensatz zu Keltertrauben, die vollreif geerntet werden.

Die Qualität von Trauben als Frischobst unterliegt den allgemeinen EU-Vermarktungsnormen mit den drei Handels- oder Gütestufen Klasse Extra (für hervorragende, höchste Qualität), Klasse I (für gute Qualität) und Klasse II (für mittlere Qualität). Das größte Marktvolumen machen Klasse I Trauben aus, wobei die Beeren vollkommen gesund und prall sein, fest am Stiel sitzen sowie weitgehend mit ihrem natürlichen Duftfilm bedeckt sein müssen (dabei handelt es sich um eine weiße Wachsschicht, die als Frischemerkmal gilt und die Früchte vor Austrocknung, Sonne und eierlegenden Insekten schützt). Als weitere Mindestanforderungen an Tafeltrauben gelten die Abstammung aus der Gattung *Vitis vinifera*, ein nur minimaler Rückstandsgehalt an Pflanzenschutzmitteln sowie die Freiheit von Frostschäden, Schädlingen, Fremdgeruch und -geschmack sowie Fäulnis.

Tafeltrauben haben in der Regel weniger Säure und Zucker als Keltertrauben, die Zuckergrade liegen zum Erntezeitpunkt bei rund 50 °Oe (Grad Oechsle, Messwert für Zuckergrade in Deutschland) oder 11 °KMW (Klosterneuburger Mostwaage, Messwert für Zuckergrade in Österreich). Keltertrauben für Qualitätsweine hingegen liegen zum Erntezeitpunkt bei 60 bis 80 °Oe oder 15 bis 20 °KMW. Dies ist ein Grund, warum sich Tafeltrauben generell schlecht zur Weinbereitung eignen.

Die Hauptbestandteile von Beeren sind Wasser (mit einem Anteil von rund 81 Prozent) sowie Kohlenhydrate (Zucker) in Form von Glucose (Traubenzucker) und Fructose (Fruchtzucker) mit einem Anteil von rund 15 Prozent. Weiters enthalten sind Säuren in Form von Wein- und Äpfelsäure, Mineralstoffe und Spurenelemente (wie Kalium, Calcium, Magnesium, Eisen, Natrium, Kupfer oder Zink) und viele Vitamine. Für den Geschmack und die Aromen entscheidend sind mehr als 200 Aromaverbindungen, darunter zahlreiche Alkohole, Aldehyde sowie Ester. Trauben gelten auch als effektive Gesundheitshelfer. Vor allem die Beerenschalen und die Kerne enthalten zahlreiche sekundäre Pflanzeninhaltssoffe, besonders Polyphenole wie das Resveratrol oder oligomere Proanthocyanidine (OPC), die als starke Antioxidantien das Nervensystem sowie das Herz-Kreislauf-System schützen. Polyphenole kurbeln im Stoffwechsel die Schutz- und Entgiftungsmechanismen an; so sind die in den Beeren enthaltenen Tannine (Gerb- und Bitterstoffe) und Flavonoide (Pflanzenfarbstoffe) für ihre antimikrobiellen und antioxidativen Wirkungen bekannt. Generell ist der Anteil von Antioxidantien in roten Trauben höher als in weißen Trauben.

Der physiologische Brennwert von Trauben liegt bei rund 70 kcal je 100 g essbarem Anteil. Eine Weintraube wiegt im Durchschnitt 150 bis 200 g, eine einzelne Beere kommt auf rund 5 g und somit auf etwa 3,5 kcal. Tafeltrauben sind meist deutlich größer und schwerer als Keltertrauben, beinhalten sie doch mehr Wasser und Kohlenhydrate, vor allem deutlich mehr Fructose. Sie können damit ein Traubengewicht von bis zu 1 kg erreichen und ein Beerengewicht von bis zu 15 g. Beschränkt man sich jedoch beim Konsum auf eine Portion Trauben mit 100 g, so eignen sich diese mit ihren 70 kcal nach wie vor sehr gut als Snack, 100 g Vollmilchschokolade enthalten im Vergleich dazu mehr als 500 Kalorien.

Hier noch ein Hinweis zu den Kernen: Auch wenn nach ernährungsphysiologischen Erkenntnissen der Kern mitunter das Gesündeste an der Beere ist, sind bei Tafeltrauben kernlose Beeren erwünscht. Die meisten relevanten kernlosen Sorten lassen sich von den Sultaninen ableiten. Zwar enthalten auch kernlose Beeren Kerne, welche jedoch deutlich kleiner und in geringerer Anzahl vorhanden sowie von weicher Konsistenz sind, sodass man sie kaum spürt und schmeckt. Zudem werden Trauben im außereuropäischen Obstbau bevorzugt mit Phytohormonen wie der Gibberellinsäure behandelt. Phytohormone sind organische Verbindungen, die das Wachstum und die Entwicklung der Pflanzen steuern. Gibberellinsäure wird auf die fruchtbildenden Rebstöcke gesprüht, woraufhin die Beeren größer wachsen, weiter auseinander stehen und vor allem keine erkennbaren Samen entwickeln. Ähnliche Anwendungen findet man in der Begasung unreifer Früchte wie Bananen, Orangen oder Zitronen mit dem Reifegas Ethylen, um die Reifung zu beschleunigen.

HERKUNFT UND PRODUKTION VON TAFELTRAUBEN

Der Tafeltraubenanbau wird in den südlichen Ländern der EU, in den USA, in Nord- und Südafrika, in Israel und in Asien schon lange betrieben und weist dementsprechend auch eine große Ausdehnung auf. Die drei wichtigsten Produktionsländer sind mittlerweile China, Indien und die Türkei. Diese Länder produzieren gemeinsam rund die Hälfte der Weltmenge an Tafeltrauben, wobei China als der absolute Wachstumsführer der letzten 20 Jahre gilt und 2014 bereits über 9 Millionen Tonnen oder 34 Prozent der Welttraubenmenge anbaute. Weitere große Herkunftsländer sind Brasilien, Peru, Chile, Griechenland, die Niederlande (mit Anbau in Glashäusern), Süditalien, Portugal, Spanien oder Südafrika. Im Jahre 2014 wurden weltweit auf 7,5 Millionen Hektar rund 73 Millionen Tonnen Trauben produziert. Davon wurden 55 Prozent oder 40 Millionen Tonnen als Keltertrauben für Wein und Traubensaft sowie 45 Prozent oder 33 Millionen Tonnen als Tafeltrauben und Rosinen verwendet. Von letzteren wiederum wurden 82 Prozent oder 27 Millionen Tonnen in frischem Zustand verspeist und 6,2 Millionen Tonnen wiederum zu 1,5 Millionen Tonnen Rosinen verarbeitet (4 kg an frischen Trauben ergeben rund 1 kg Rosinen). Die Traube ist damit die Frucht mit dem höchsten Arbeits- und Technologieeinsatz (wie Ernte, Kühlung, Schwefelung, Verpackung oder Transport) weltweit. Sie erwirtschaftet mit rund 70 Milliarden US-Dollar den größten Gesamtproduktionswert aller Obstsorten der Welt. Bananen, Wassermelonen oder Orangen liegen bei 40 Milliarden US-Dollar oder darunter.

Größter Konsummarkt für Tafeltrauben ist wiederum China mit einem Jahresbedarf von 9 Millionen Tonnen oder knapp 7 kg Konsum pro Kopf der Bevölkerung, womit der Heimatmarkt zu 100 Prozent durch Eigenproduktion abgedeckt wird. Damit übersteigt China den weltweiten Durchschnitt von 4 kg pro Kopf bei weitem. In Österreich werden im Durchschnitt 3,4 kg Tafeltrauben pro Kopf und Jahr konsumiert, Deutschland liegt mit 5 kg pro Kopf und Jahr etwas höher. Betrachtet man die weltweit größten Handelsmärkte für frische Trauben, zeigt sich ein anderes Bild: Die größten Exporteure frischer Trauben sind Chile, Italien und die USA, zusammen decken diese drei Länder über 50 Prozent des Gesamtweltexports von rund 3 Millionen Tonnen ab. Größte Importeure frischer Trauben sind die USA mit knapp 500.000 Tonnen, gefolgt von den Niederlanden mit 353.000 Tonnen, Deutschland mit 311.000 Tonnen und Großbritannien mit knapp 260.000 Tonnen. Wenn man bedenkt, dass die USA weltweit führender Importeur und gleichzeitig drittgrößter Exporteur von Tafeltrauben sind, wird klar, warum die USA die wohl prominentesten Player im weltweiten Traubenbusiness sind.

REGIONALE TRAUBENPRODUKTION MIT ALL IHREN HÜRDEN

Der österreichische sowie deutsche Speisetraubenmarkt wird großteils von Importware dominiert, obwohl viele Konsumenten heimische Trauben bevorzugen würden. Die Vorzüge heimischer Trauben – kürzere Transportwege, geringere Lager- und Kühlzeiten oder genau kontrollierbare Pflanzenschutzmaßnahmen – lägen auf der Hand. Lokale Früchte erfüllen jedoch selten die qualitativen Anforderungen des Handels und der Kunden; gewünscht werden kernlose Trauben mit riesengroßen, saftigen und lockeren Beeren, mit wenig Pflanzenschutzmitteln produziert und von bestem Geschmack. Dies ist in unseren Breitengraden nur mit erheblichem Energie- und Arbeitsaufwand möglich, sodass Speisetrauben lieber aus allen Winkeln der Erde nach Mittel- und Nordeuropa gebracht werden.

Grundsätzlich sprechen die gesetzlichen Rahmenbedingungen für regionale Trauben, denn seit der EU-Weinmarktreform 1999 unterliegen Tafeltrauben (mit wenigen Ausnahmen) nicht mehr dem Weinrecht, womit es möglich wurde, Speisetrauben gewerblich anzubauen. Seither gab es immer wieder Ansätze, die Produktion von Tafeltrauben in den Fokus der lokalen Weinbaupolitik zu rücken. Die Versuche scheiterten bisher vor allem an den klimatischen und wirtschaftlichen Bedingungen. Tafeltrauben sind grundsätzlich wärmeverliebt. Um möglichst viel wohlschmeckenden Zucker aufbauen zu können, benötigen sie deutlich mehr Wärmestunden als Keltertrauben, die vielmehr auf ein ausgeglichenes Zucker-Säure-Verhältnis getrimmt werden und dazu auch die kühlen Nächte Mitteleuropas schätzen. Folglich werden südländische Tafeltraubensorten in heimischen Breitengraden viel zu spät reif.

Auch weisen klassische heimische Tafeltraubensorten noch keine nennenswerte Widerstandsfähigkeit gegen Schädlinge wie den Echten Mehltau (*Erysiphe necator* oder *Oidium*) und den Falschen Mehltau (*Plasmopara viticola* oder *Peronospora*) auf – beides Pilzerkrankungen, die bevorzugt in Mitteleuropa auftreten, bedingt durch starke Temperaturunterschiede zwischen Tag und Nacht oder durch feuchtwarme Witterungen. Infolge der langen Reifezeiten klassischer Sorten wären zahlreiche Rebschutzbehandlungen notwendig, um gesunde Trauben zu ernten. Dadurch wiederum leiden die Traubenqualitäten wie auch die Weingärten.

Weiters besitzt Mitteleuropa aufgrund des beinahe ausschließlichen Anbaus von Keltertrauben andere Anbausysteme als südliche Länder. Die Erziehung von Tafeltrauben am klassischen Drahtrahmen, wie er in Europa in den meisten Weingärten eingesetzt wird, hat aufgrund der intensiveren Traubendichte und durch das höhere Gewicht der Speisetrauben den Nachteil, dass die Trauben einer hohen Beschädigungsgefahr durch den Drahtrahmen ausgesetzt sind und die händische Traubenlese zeitaufwändig wäre. Beides Punkte der Wirtschaftlichkeit, die in südlichen Ländern leichter zu lösen sind. Moderne Tafeltraubenflächen werden mit Pergola-Dacherziehungssystemen bepflanzt, die eine händische und personalintensive Lese deutlich erleichtern. Diese Hocherziehungs-Systeme erzielen Erträge von bis zu 30.000 kg Tafeltrauben pro Hektar, während ein mitteleuropäischer Weingarten rund 10.000 kg Keltertrauben oder weniger pro Hektar bringt. Alle Pflegearbeiten müssen von unten erfolgen, ein mechanisiertes Arbeiten ist kaum möglich. Die Pergola ist vor allem in südlichen Ländern wie Afghanistan, Ägypten, Argentinien, Brasilien, Chile, Libanon, Portugal oder Syrien üblich. Umstellungen dieser Art sind in Österreich oder Deutschland grundsätzlich möglich, jedoch nur bei Spezialisierung und lohnenden Vermarktungschancen finanzierbar.

Abhilfe für die genannten Hürden im lokalen Anbau könnten mittel- bis langfristig die erkennbaren Klimaveränderungen sowie neue, regional angepasste Traubensorten schaffen. Weltweit wird bei Tafeltrauben intensive Forschung betrieben, um Neuzüchtungen mit marktkonformen Eigenschaften wie lange Erntefenster oder gute Lagereigenschaften zu schaffen. Damit ergeben sich für mitteleuropäische Produzenten neue Möglichkeiten im Eigenanbau. Eines der entscheidenden Ziele ist die Widerstandsfähigkeit gegen Erkrankungen. Dabei treten seit einigen Jahren sogenannte *PIWI-Sorten* (pilzwiderstandsfähige Reben) aus dem Schattendasein. Deren Widerstandsfähigkeit gegen Pilzbefall und Grauschimmel (*Botrytis*) hat einen deutlich reduzierten Einsatz von Pflanzenschutzmitteln zum Ziel. Während traditionelle Rebsorten oft bis zu zehn Mal pro Jahr mit Fungiziden behandelt werden, kann der Fungizideinsatz bei PIWIs auf weniger als die Hälfte reduziert werden. Viele dieser Sorten sind außerdem frostbeständig. Besonders im Bioanbau wie auch im biodynamischen Anbau werden PIWIs vermehrt verwendet. An die sehr unterschiedlichen Geschmacksbilder dieser meist hocharomatischen Sorten müssen sich Konsumenten aber erst gewöhnen.

WHO IS WHO? WICHTIGE TAFELTRAUBEN IM SORTENPORTRÄT

Heute gibt es weltweit weit über tausend verschiedene Tafeltraubensorten, die meisten davon sind Neuzüchtungen. Die *Internationale Organisation für Rebe und Wein*, kurz OIV, mit Sitz in Paris, listete zuletzt im Jahr 2017 auf Basis der geschätzten Anbaufläche in Hektar folgende weltweit führende Sorten auf: *Kyoho, Sultanine (Thompson Seedless), Red Globe* und *Afus Ali*. Zudem holen moderne Züchtungen wie *Cotton Candy* rasch auf und verdrängen traditionelle Sorten. Hier nun die wichtigsten klassischen sowie neu gezüchteten Rebsorten im Kurzporträt (in alphabetischer Reihenfolge):

Afus Ali, Regina oder Datteltraube

Eine alte, weiße Rebsorte aus dem Nahen Osten, die bereits im 15. Jahrhundert erstmalig schriftlich erwähnt wurde. Nach Europa gelangte die Sorte 1883, wo man sie als *Dattier de Beyrouth* verbreitete. Wegen der großen dattelförmigen Beeren war die Rebe über Jahrzehnte beliebter Kreuzungspartner vieler Neuzüchtungen. Die spät reifende Sorte besitzt große, goldgelbe, knackige Beeren mit einer dezenten Muskatnote. Heute zählt die Datteltraube zu den weltweit führenden Tafeltraubensorten. Sie wird in großen Mengen hauptsächlich in Italien, in der Türkei, in Spanien und in Griechenland angebaut. Der weltweite Bestand wird auf rund 150.000 Hektar geschätzt.

Black Hamburg, Black Muscat oder Muscat d'Hamburg

Die Herkunft dieser heute weltweit verwendeten roten Sorte wird in England vermutet. Ihre erste Erwähnung fand sie 1858 in der britischen Fachzeitschrift *London Florist*. Der Geschichte nach wurde sie ab Mitte der 1830er-Jahre in Hamburg in Gewächshäusern kultiviert und gelangte von da um 1850 nach England. Dort wurde sie über viele Jahrzehnte in riesigen Mengen in den beliebten Treib- und Glashäusern als Tafeltraube gezogen, von wo sie schlussendlich auch in die ganze Welt gelangte.

Die Rebe ist sehr ertragreich; die ab Mitte September reifenden, dunkelblau bis schwarz glänzenden, großen Beeren sind für ihren typischen Muskat-Geschmack bekannt.

Cotton Candy oder Zuckerwatte-Trauben

Eine US-amerikanische Züchtung aus dem Jahr 2010. Die Sorte Cotton Candy ist eine süß-aromatische Tafeltraube, die tatsächlich nach Zuckerwatte schmeckt. Dabei handelt es sich um eine moderne Züchtung des Genetikers David Cain des kalifornischen Zuchtbetriebes IFG (International Fruit Genetics). Cain entwickelt und züchtet seit mehr als 20 Jahren Tafeltrauben mit ausgefallenen Geschmacksbildern wie beispielsweise die Zuckerwatte-Trauben. Ausgangsrebe seiner Arbeiten ist die Sorte *Concordia*, eine alte Wildrebe aus der Gegend rund um die Stadt Concord in Massachusetts, noch heute weltweit für ihr ausgeprägtes Walderdbeeraroma (*Fox-Ton*) bekannt. Cain hat mittlerweile viele tausende Pflanzen in Reagenzgläsern gezüchtet, die besten Sorten werden lizensiert und weltweit für den Tafeltraubenanbau verkauft. Die IFG wird dabei nicht müde zu betonen, dass sämtliche Züchtungen klassische Kreuzungen bestehender Sorten sind, die ausschließlich per Handbestäubung weiterentwickelt werden und dabei keinerlei Gentechnik im Spiel ist. Trotz des einzigartigen Geschmackserlebnisses gibt es in keiner der angebotenen Trauben Zusatzstoffe oder Aromen, lediglich der Zuckergehalt ist höher als bei konventionellen Tafeltrauben.

Foster's Sämling oder Foster's White Seedling

Eine englische Sorte des Züchters Michael Foster aus dem Jahr 1835. Ab dem frühen 19. Jahrhundert entstanden in England durch gezielte Züchtungen eine Reihe neuer Tafeltraubensorten, um dem wachsenden Bedarf für die beliebten Treib- und Glashäuser zu decken.

Dazu gehörten auch die Tafeltrauben von Michael Foss *White Seedling* (weiße Früchte) und *Lady Down's Seedling* (rote Früchte). Diese Sorten waren besonders widerstandsfähig gegen Frost und Mehltau. Heute werden jedoch weltweit keine Bestände mehr ausgewiesen.

Korinthiaki, Black Currant oder Korinthen

Die rote Rebsorte stammt aus Griechenland. Ihr Name leitet sich von der Hafenstadt Korinth zwischen dem Peloponnes und dem Festland ab, von wo aus die Trauben früher verschifft wurden. Als Korinthen versteht man sowohl frische Trauben als auch die kernlosen Rosinen aus der *Korinthiaki*-Traube, typisch schwarz in der Farbe, intensiv würzig-süß und deutlich kleiner als beispielsweise Sultaninen. Die frischen Trauben sind groß und dicht, die Beeren hingegen klein und saftig. Sie weisen eine dünne Schale auf, weshalb sie sich perfekt zum Trocknen eignen. Ab Mitte August werden die Trauben geerntet und unter der heißen Sonne bis zu sieben Tage lang gedörrt. Auch heute noch erfolgt der Anbau von Korinthen zum überwiegenden Teil in Griechenland. Die rund 44.000 Hektar befinden sich vor allem im Norden des Peloponnes in den Gebieten Achaia und Ilia sowie auf der Insel Kefalonia. Je nach Anbaugebiet am Peloponnes gibt es regionale Korinthensorten: Die beste Sorte ist die *Vostizza*, gefolgt von *Amalia*, *Gulf*, *Patras* und *Kalamata*-Korinthen. In antiken griechischen Quellen werden Korinthen bereits um 1500 v. Chr. erwähnt; im 19. Jahrhundert galt die Rosine für Griechenland als das, was der Kaffee für Brasilien war. Der Anteil der Korinthen am griechischen Export betrug in Spitzenzeiten bis zu 70 Prozent. Diese Beliebtheit als griechisches Nationalprodukt hat sich bis heute gehalten, wobei sich die Exportmengen zugunsten der preiswerteren Sultaninen verändern.

Kyoho

Eine japanische Züchtung aus dem Jahr 1937. Die rote Sorte wurde ursprünglich als sehr frostempfindlich eingeschätzt und deshalb nur für Gewächshäuser oder Wintergärten empfohlen. Heute weiß man, dass die Reben eine gute Frostfestigkeit besitzen und zudem auch pilzbeständig sind. Die Reben sind starkwüchsig und benötigen viel Platz, der Erntezeitpunkt der frühreifen Trauben liegt bei Anfang September. Die großen, violett-blauen Beeren erinnern optisch an Pflaumen; sie werden für ihren hohen Zuckergehalt, ihre Saftigkeit und die ausgeprägte Walderdbeernote (*Fox-Ton*) geschätzt. *Kyoho* ist heute laut OIV mit geschätzten 365.000 Hektar die am häufigsten angebaute Rebsorte der Welt, in Europa jedoch kaum vertreten. Die Mehrheit der Reben befindet sich mit über 90 Prozent in China, gefolgt von Japan und Südkorea.

Muscat d'Alexandrie, Muscat of Alexandria oder Zibeben

Dabei handelt es sich um eine uralte Rebsorte, vermutlich sogar eine der ersten Kulturreben der Menschheit. Die weiße Sorte stammt aus dem Mittelmeerraum; der Legende nach brachten sie die Phönizier aus Ägypten nach Sizilien mit, von wo sie mit den Römern ihre Verbreitung in den Norden antrat. Auf Sizilien ist die Sorte noch heute unter dem Namen *Zibibbo* bekannt, abgeleitet vom arabischen *Zabib* für Rosine. Die spät reifende, ertragreiche Rebe mit bräunlich-rötlichen, sehr süßen Beeren ist anfällig für sämtliche Pilzkrankheiten einschließlich Botrytis. Da sie zudem sehr kälteempfindlich ist, liebt sie die Wärme und das heiße Klima. Neben vielen bekannten Süßweinen (wie italienischer *Moscato di Pantelleria*) oder Weinbränden (wie chilenischer *Pisco*) wird Muscat weltweit als Tafeltraube und für Rosinen genutzt. Die extrem saftigen Beeren sind für ihren dezenten Rosen- und Muskatton bekannt. Muscat eignet sich auch bestens zur Treibhauszucht in nördlich gelegenen Ländern.

Pölöskei Muskat

Eine ungarische Züchtung aus dem Jahr 1980. Die weiße Sorte ist widerstandsfähig gegen beide gängige Pilzkrankheiten. Die Trauben sind gelb mit grünlichem Stich, die Beerenreife beginnt ab Mitte September. Bei optimaler Witterung muss darauf geachtet werden, dass vor allem junge Rebstöcke nicht überlastet werden, da die Erträge meist sehr hoch sind. In Österreich ist diese Sorte vor allem als *Weinviertler Tafeltraube* bekannt. Der Name entspringt einem regionalen Anbauprojekt des österreichischen Lebensmittelhandels aus dem Jahr 2010. Bis heute hat sie den größten Anteil an österreichischen Tafeltrauben, das Produktionsvolumen ist jedoch nach wie vor sehr gering.

Red Globe

Eine kalifornische Züchtung aus dem Jahr 1957. Mit einer Fläche von rund 160.000 Hektar ist die rotbeerige *Red Globe* laut OIV die weltweit am dritthäufigsten angebaute Tafeltraube, wobei ähnlich zur *Kyoho* über 90 Prozent in China angebaut werden. Sie ist eine früh blühende Sorte mit langer und später Reifezeit, die Rebstöcke sind sehr kräftig und bilden große Trauben und Beeren. Die lockerbeerigen Trauben werden meist bis zu einem Kilogramm schwer, dementsprechend erreicht der Ertrag bis zu 30.000 kg pro Hektar. Die leicht ovalen Beeren sind von hellroter bis rosa Farbe, die Beerenschale ist dick und knackig, die Kerne sind nur wenig ausgebildet.

Sultana, Sultanine oder Thompson Seedless

Die Sultanine ist eine weiße, kernlose Sorte mit einer unendlich langen Geschichte, ähnlich der *Muscat d'Alexandrie*, mit dem sie oft im Wettstreit um die weltweite Beliebtheit lag. Die Sultanine stammt vermutlich aus der Region des heutigen Afghanistans, wo sie als erste kernlose Sorte der Welt angebaut wurde. Sie verfügt über einen extrem kräftigen Wuchs, treibt spät aus und entgeht damit den Frühjahrsfrösten. Die starkwüchsige Sorte ist sehr anfällig für Pilzkrankheiten einschließlich Botrytis, weshalb sie heißes und trockenes Klima schätzt. Unter idealen Bedingungen bringt sie dann jedoch bis zu 80.000 kg Ertrag pro Hektar. Auf einer Fläche von über 270.000 Hektar gilt die Sultanine laut OIV als die weltweit zweithäufigste Sorte für Tafeltrauben und Rosinen. Die Hauptanbaugebiete sind der Nahe Osten (Türkei, Iran, Irak, Afghanistan, Pakistan), Zentralasien, Australien, Südafrika und die USA. Allein in der Türkei wird die Sorte für Tafeltrauben und Rosinen auf rund 110.000 Hektar angebaut. Auch in Kalifornien ist die Sultanine mit über 60.000 Hektar die Sorte mit der größten Anbaufläche und fast ausschließlich im Rosinenzentrum *Central Valley* zu finden. Eingeführt wurde sie dort in den 1870er-Jahren durch den englischen Biologen William Thompson, wo sie den bis dahin dominierenden *Muscat d'Alexandrie* verdrängte. Vor Ort wird die Sorte nach wie vor auch *Thompson Seedless* genannt. Die großen und lockerbeerigen Trauben bilden kleine, hellgrüne bis goldgelbe Beeren ohne Kern und mit fester Schale, die lange am Stock nachreifen und sich als Tafeltrauben gut transportieren lassen.

GANZ SCHÖN TROCKEN: ROSINEN UND IHRE GESCHICHTE

Unter Rosinen versteht man extrem getrocknete Weinbeeren (Trockenobst) mit einem Feuchtigkeitsgehalt von maximal 13 Prozent. Die Bezeichnung leitet sich vom altfranzösischen *Roisin* für Weintraube ab, nach wie vor nennt man in Frankreich die frische Traube *raisin* und die Rosine *raisin sec*. Die Tradition der Rosinen reicht in der Geschichte der Menschheit sehr weit zurück, sie zählen zu den ältesten konservierten Lebensmitteln der Welt. Ihren Ursprung findet man – wie bei der frischen Traube – in Vorderasien, von wo aus sie ihre weltweite Verbreitung antrat. Besonders bei Feldzügen dienten Rosinen vielen arabischen und asiatischen Völkern als nahrhafter und lange haltbarer Proviant für Soldaten. Der karthagische Feldherr Hannibal (um 247 bis 183 v. Chr.) soll bei seinem Zug auf Rom über die Alpen die Truppen hauptsächlich mit Rosinen versorgt haben. In Ägypten gefundene Schriften belegen die Erzeugung von Rosinen schon für spätestens 3000 v. Chr., auch in der Bibel werden sie mehrfach erwähnt. Die Römer liebten die *uva passa* (getrocknete Weintraube) als Speiseobst sowie als Würzmittel (*defrutum*) und verbreiteten sie auf ihren Feldzügen in ganz Europa.

Rosinen zählen in der modernen Welt zum *Superfood*, zu Nahrungsmitteln mit besonders hohem Anteil an Vitaminen, Mineralstoffen und Antioxidantien. Wie bereits bei der Traube beschrieben, enthalten auch Rosinen viele gesunde Inhaltsstoffe, und das in einer wesentlich höheren Konzentration und Dichte als in frischen Beeren. Und ja, sie enthalten auch deutlich mehr Frucht- und Traubenzucker, zwischen 60 und 70 Prozent des Trockengewichts besteht aus Kohlenhydraten. Damit wird klar, dass Rosinen nur gesund sind, solange sie in Maßen gegessen werden.

Die Produktion wie auch der Konsum getrockneter Trauben hat in den letzten 20 Jahren stark zugenommen. Im Jahr 2014 konstatierte die OIV eine Weltproduktion von 1,5 Millionen Tonnen. Dabei beherrschen die Türkei und die USA mit beinahe 50 Prozent der Produktion den Weltmarkt, gefolgt vom Iran, China und Chile. Mit einem Welthandelsvolumen von mehr als einer Million Tonnen zählen Rosinen heute zu den *heavily traded products* im Lebensmittelbereich. Auch der Verbrauch von Rosinen ist seit Beginn des Millenniums stark steigend und erreichte 2014 ein Volumen von über 1,6 Millionen Tonnen. Mit jeweils mehr als 220.000 Tonnen zählen die USA und die Türkei zu den führenden Verbrauchermärkten. Platz drei geht an China mit einem Verbrauch von 172.000 Tonnen – mit einer weiterhin stark steigenden Tendenz. Das Land mit dem höchsten Pro-Kopf-Verbrauch ist übrigens Griechenland mit 3,4 kg pro Kopf und Jahr, Österreich liegt bei 0,9 kg, Deutschland bei 0,8 kg pro Kopf.

DIE UNTERSCHIEDLICHEN ROSINENTYPEN

Rosinen unterscheidet man im internationalen Handel in die drei Typen *Korinthen*, *Sultaninen* und *Zibeben*. Die Bezeichnungen ergeben sich dabei aus den verwendeten Rebsorten *Korinthiaki* (kleine, schwarze, kernlose Korinthen), *Sultana* (goldgelbe, kernlose, große Sultaninen) und *Muscat d'Alexandrie* (Zibeben mit großen Beeren mit Kernen und dicker Schale) – genauere Beschreibungen finden sich in den Porträts der entsprechenden Tafeltraubensorten. Für Rosinen gibt es kaum regional geschützte Herkunftsbezeichnungen, weshalb die Sortenbezeichnung meist den abfüllenden Produzenten unterliegt.

Eine gesetzlich geschützte EU-Ursprungsbezeichnung (g. U. oder *DOP* auf Spanisch) gibt es seit 2013 für spanische Rosinen aus der Provinz Málaga in Andalusien, wo die *Pasas de Málaga* aus 100 Prozent Trauben der Sorte *Muscat d'Alexandrie* erzeugt werden. Die Trauben werden ausschließlich in der Sonne getrocknet, die Rosinen sind schwarz-violett, rundlich und sehr groß.

Seit 1993 gibt es bereits die geschützte Ursprungsbezeichnung (g. U. oder *AOP* auf Griechisch) für griechische *Vostizza-Korinthen*. Die intensiv-saftigen, schwarzen Rosinen zählen zu den hochwertigsten aller Korinthenarten, gelten als die kleinsten der Welt und dürfen ausschließlich in der Präfektur Achea am Peloponnes angebaut sowie verarbeitet werden.

Um keinen geschützten Herkunftsbegriff, aber um einen geschützten Markenartikel handelt es sich bei den *Chilean Flame Raisins* aus den bergigen Weinregionen im chilenischen Hinterland. Die auch als *Red Raisins* bekannten sonnengetrockneten, rotgoldenen und kernlosen Rosinen stammen von der Sorte *Thompson Seedless*, wie die kalifornische Variante der Sultanine genannt wird.

Ein weiterer Markenartikel sind die *Sun-Maid* Rosinen aus Fresno, Kalifornien. Im Jahr 1912 als Genossenschaft gegründet, gilt *Sun-Maid* heute als einer der weltweit größten Rosinenverarbeiter. *Sun-Maid* Rosinen erkennt man an der roten Verpackung, die das *Sun-Maid Girl* mit roter Sonnenhaube und frischen Weintrauben zeigt. Die Rosinen stammen aus dem Central Valley, wo *Sun-Maid* jährlich mehr als 90 Millionen Kilogramm Rosinen, die meisten davon aus der lokalen *Thompson Seedless*, produziert.

MAKING OF: DER PRODUKTIONSPROZESS VON ROSINEN

Voraussetzungen für die Produktion hochwertiger Rosinen sind vor allem ein geeignetes Klima mit hohen Temperaturen, langer Sonnenscheindauer, geringen Niederschlägen und niedriger Luftfeuchtigkeit. Dazu eignet sich mediterranes bis subtropisches Klima mit milden Wintern, trockenen Sommern, wenig Regen und viel Sonne, im Idealfall durchschnittlich 3.000 Sonnenstunden im Jahr. Allein diese Voraussetzungen zeigen, warum die größten Rosinenproduzenten der Welt in den USA (hier vor allem in Kalifornien), in der Türkei, in Griechenland, in Australien, in Afghanistan und im Iran zuhause sind.

Die Ernte findet nördlich des Äquators zwischen Mitte August und Mitte September, in der südlichen Hemisphäre Mitte Jänner bis Mitte Februar statt. Gut die Hälfte der Trauben wird weltweit händisch geerntet, wobei – wie im Weinbau – die mechanischen Erntemaschinen im Vormarsch sind. Geschätzte 35 Prozent der Rosinenernte werden heute bereits mechanisch gepflückt. Die restlichen 15 Prozent werden, vor allem in Australien und Kalifornien, mit einer speziellen Technik verarbeitet: Bei der *dry on the vine*-Methode trocknen die Beeren direkt an den Rebstöcken. Zur Beschleunigung des Trocknungsvorganges werden die Früchte mit einer Trockenemulsion besprüht. Durch die zusätzliche Durchtrennung der oberen Rebstämme wird der Nährstoff- und Wasserzufluss unterbrochen, womit der Trocknungsvorgang je nach Wetter in bis zu acht Wochen am Weinstock erfolgt. Anschließend fahren Erntegeräte durch die Spaliere und ziehen die fertig getrockneten Beeren von den Rispen.

Im Trocknungsprozess geht es generell darum, den Wasseranteil frischer Trauben von über 80 Prozent auf maximal 13 Prozent zu reduzieren, womit die Beeren viel Gewicht verlieren. Für 1 kg Rosinen benötigt man je nach Sorte zwischen 4 und 5 kg an frischen Trauben. Die meisten Rosinen werden weltweit mittels traditioneller Lufttrocknung in der Sonne oder im Schatten hergestellt. Dazu werden die frischen Beeren im Freien auf Trocknungsgestelle (*drying racks*) aus Holz gehängt oder auf Platten oder Tüchern ausgebreitet. Dabei werden die Rosinen immer wieder gewendet. Vor der Trocknung werden die Beeren oft *gedippt*, indem sie mit einer Lösung aus Natronlauge oder Pottasche (Kaliumkarbonat) und Öl (je nach Qualitätsklasse mit Olivenöl oder anderen Speiseölen) besprüht werden. Bereits in der Antike war dazu eine Mischung aus Holzasche und Olivenöl in Verwendung. Damit wird die Wachsschicht auf der äußeren Schale gelöst und die Beerenhaut wasserdurchlässig, wodurch die Beere schneller trocknet und die hellgelbe Farbe sowie wertvolle Inhaltsstoffe erhalten bleiben. Die Technik des Dippens wird vor allem bei Sultaninen angewandt, was die Trocknungszeit um etwa die Hälfte reduziert. Korinthen hingegen werden selten gedippt, da die frischen Beeren kleiner sind und weniger verkleben. Dafür benötigen sie eine längere Trockenzeit und färben sich durch den Sonnenkontakt goldbraun bis purpurbraun und schwarz. Als Alternativen zum Dippen sind derzeit neue Methoden der Vorbehandlung in Entwicklung, unter anderem mit gepulsten elektrischen Feldern oder mit Mikrowellen. Auch bei den Trocknungsmethoden stehen neue Technologien wie Vakuum, Infrarot oder Ultraschall auf dem Prüfstand.

Während der Trocknung verlieren die Beeren stetig Feuchtigkeit und schrumpfen ein, bis sie schließlich vom Stängel fallen. Fertig getrocknete Rosinen werden in Holzbehälter gefüllt, um den Feuchtigkeitsgehalt untereinander anzugleichen. Anschließend erfolgt die Auflockerung der oft verklumpten Rosinen auf Siebrüttlern,

Steine und grobe Stielteile werden entfernt. Die Abtrennung verbliebener Beerenstiele wird in einer rotierenden Trommel, ähnlich einer Waschmaschine, erledigt. Zum Schluss werden die fertigen Rosinen mit Speiseöl (meist Sonnenblumenöl) oder Fettsäuren benetzt, um ein Zusammenkleben zu vermeiden.

Qualitativ hochwertige Rosinen besitzen maximal 13 Prozent Feuchtigkeit und eine einheitliche Farbe. Werden die Beeren schlecht getrocknet oder zu hoher Luftfeuchtigkeit ausgesetzt, verkleben oder schimmeln sie, auch der Befall mit Hefepilzen ist möglich. Daher werden Rosinen – je nach Qualität – zur besseren Konservierung und damit Verbesserung der Haltbarkeit geschwefelt. Ab einem Zusatz von 10 mg Sulfit pro kg muss die Substanz auf der Packung angeführt sein, ab 500 mg Sulfit pro kg muss zusätzlich die Angabe *stark geschwefelt* erfolgen.

REZEPTE

Verwendungen für Trauben und Rosinen gibt es quer durch alle Landesküchen dieser Welt, wobei Süß- und Nachspeisen den Schwerpunkt bilden. Da hier jedoch nicht unendlich viele Rezepte Platz finden, haben wir eine Auswahl an 18 verlockenden Anwendungsbeispielen für die köstlichen Früchte getroffen. Alle Rezepte wurden von uns sorgfältig recherchiert, vielfach neu komponiert und auf problemlose Verfügbarkeit sämtlicher Zutaten sowie generelle Alltagstauglichkeit überprüft. Sämtliche Zubereitungen wurden von uns eigenhändig nachgekocht, in unserer Familie verkostet und einstimmig für empfehlenswert befunden.

HINWEISE

Die Rezepte sind grundsätzlich für 4 Personen berechnet, Ausnahmen werden explizit angeführt.

Bei frischem Obst und Gemüse, das mit Schale verarbeitet wird, empfehlen wir ausschließlich die Verwendung biologischer Qualitäten. Unabhängig davon sollten frische Trauben immer erst unmittelbar vor ihrem Einsatz gewaschen werden.

Wenn bei den Zutaten nicht anders angeführt, können als Rosinen alle handelsüblichen Sorten und Größen verwendet werden.

Für das Tassenmaß gilt eine Tasse von 250 Millilitern Fassungsvermögen.

Gefüllte Weinblätter

Von Südosteuropa bis Vorderasien sind gefüllte Weinblätter als Vorspeise sehr beliebt. Man kann, wenn verfügbar, mit frischen, aber auch mit eingelegten Weinblättern aus dem Glas arbeiten. Für die Füllung gibt es unzählige Möglichkeiten. Dieses Rezept aus Armenien punktet mit seiner süßlich-pikanten Note.

Für circa 70 Stück

80 Weinblätter • Wasser • 1 Zitrone, in dünne Scheiben geschnitten • 60 ml Olivenöl • Zitronenspalten

Für die Reisfüllung

2 große Zwiebeln • 125 ml Olivenöl • 1 Tasse Rundkornreis • 60 g Pinienkerne • 60 g Rosinen • 1 TL gemahlener Piment • 2 EL fein gehackte Dille • Salz • frisch gemahlener schwarzer Pfeffer

Für die Füllung die Zwiebeln schälen und fein hacken. Das Öl in einem Topf erhitzen und die Zwiebeln darin glasig dünsten. Den Reis hinzufügen und 5 Minuten rühren. Pinienkerne, Rosinen, Piment und Dille beigeben, mit Salz und Pfeffer würzen. Zudecken, bei schwacher Hitze etwa 5 Minuten köcheln lassen, dann vom Herd ziehen und beiseitestellen.

Die Weinblätter in 3 Tranchen jeweils 3 Minuten blanchieren, danach in einer Schüssel mit kaltem Wasser abkühlen lassen und anschließend gut abtropfen lassen.

Jeweils ein Weinblatt mit der glänzenden Seite nach unten auf die Arbeitsfläche legen und einen gehäuften Teelöffel der Reisfülle an den Blattrand setzen. Zuerst eine Umdrehung rollen, dann das Blatt von rechts sowie links einschlagen und von vorne zu einer straffen Rolle aufwickeln.

Den Boden eines schweren Topfes mit vier Weinblättern auslegen. Die Rollen dicht nebeneinander mit der Naht nach unten einschlichten. Auf jede fertige Reihe 3 dünne Zitronenscheiben legen. Nun die nächste Reihe zu packen beginnen.

Wenn alle gefüllten Weinblätter im Topf sind, abschließend drei Zitronenscheiben auflegen und mit den restlichen Weinblättern abdecken. 500 Milliliter Wasser und das Olivenöl über die Rollen gießen und mit einem schweren Teller bedecken, um diese während des Garens in Form zu halten. Bei schwacher Hitze 45 Minuten sieden, danach vom Herd ziehen und abkühlen lassen.

Nach dem Abkühlen die Zitronenscheiben entfernen, die Weinblätter auf einer Servierplatte anrichten und mit den Zitronenspalten garniert servieren. Dazu passt gut gekühltes Naturjoghurt.

Green Grape Preserve

Die Konservierung von noch unreifen, grünen Weintrauben galt in den Küchen herrschaftlicher Haushalte im Großbritannien ab dem 18. Jahrhunderts als kulinarische Herausforderung vieler Köche und Köchinnen, die Rezepturen wurden als gut gehütete Geheimnisse betrachtet. Ziel war es, für die kalte Jahreszeit einen möglichst bunten Vorrat an eingelegten Früchten zu schaffen.

Für 500 g eingelegte Früchte

500 g weiße, frische bis unreife kernlose Weintrauben • 500 g Zucker • Wasser

Die Weintrauben mit kochendem Wasser übergießen, einige Minuten darin belassen, danach deren Schale abziehen. Falls doch Kerne vorhanden sind, nach Wunsch die Früchte seitlich aufschlitzen und die Kerne entfernen.

Den Zucker in einem Topf knapp mit kaltem Wasser bedecken. Zum Kochen bringen, die Weintrauben beigeben und im Sirup bei reduzierter Hitze etwa 10 Minuten langsam vor sich hin köcheln lassen.

Den Topf danach vom Herd ziehen, die Siruptrauben etwas abkühlen lassen und auf saubere Einmachgläser aufteilen. Mit sauberen Deckeln verschließen und die Gläser bis zum vollständigen Auskühlen verkehrt herum auf den Deckel stellen.

Joghurt mit Gurke und Sultaninen

Bei *Mast-va-khiar* oder *Mast-o-khiar*, wie man die Speise im Iran nennt, handelt es sich um eine Vorspeise, die mit Fladenbrot serviert wird. Teilweise wird das Gericht auch landestypisch als Salat betrachtet. Eine mit Eiswasser verflüssigte Abwandlung dieser Zubereitung kommt als kalte Suppe auf den Tisch.

500 g Naturjoghurt • 2 Salatgurken • 125 g Sultaninen • 2 fein gehackte Frühlingszwiebeln • 60 g gehackte Walnüsse • Salz • frisch gemahlener schwarzer Pfeffer • 1 EL gehackte frische Minze, alternativ 1 TL getrocknete Minze

Das Naturjoghurt in ein sauberes Geschirrtuch geben, mit einem Faden zubinden und zum Abtropfen (= Entwässern) über einer Auffangschüssel aufhängen. In der Zwischenzeit die Gurken dünn schälen, der Länge nach halbieren und überschüssige Samen entfernen. Danach die Gurken in dünne Scheiben schneiden und diese in einem Sieb abtropfen lassen.

Die Sultaninen gründlich waschen und trockentupfen. Nun die Gurkenstücke mit dem entwässerten Joghurt in einer Schüssel mit den Frühlingszwiebeln, den Sultaninen und den Walnüssen vermischen. Mit Salz und Pfeffer abschmecken. Die Minze gut einrühren und die Mischung für mindestens eine Stunde kaltstellen. Mit knusprigem Fladenbrot servieren.

Pickled Red Grapes

In Australien werden Weintrauben in den Monaten von Jänner bis April, im dortigen Spätsommer, geerntet. In Down Under gibt es an die 40 verschiedenen Sorten an Speisetrauben, die auf vielfältige Weise kulinarisch verwendet werden. Das Einlegen zählt zu den beliebtesten Bevorratungsoptionen.

Für 1 kg eingelegte Früchte

500 ml Rotweinessig • 500 g Rohrzucker • 500 ml Wasser • Pimentkörner • schwarze Pfefferkörner • einige Scheiben frischer Ingwer • 1 kg rote, kernlose Speisetrauben

Den Essig mit dem Zucker und Wasser in einem Topf zum Kochen bringen. Umrühren, bis sich der Zucker vollständig aufgelöst hat. Dann vom Herd ziehen.

Nun in saubere Einmachgläser jeweils drei Pimentkörner, drei Pfefferkörner und Ingwerscheiben nach Geschmack legen. Die Gläser mit den gewaschenen und trocken getupften Trauben auffüllen und mit heißer Einmachflüssigkeit übergießen. Einige Minuten ziehen lassen. Dabei schrumpfen die Trauben, sodass man noch einige weitere Früchte einschlichten sowie mit Flüssigkeit nachgießen kann. Inzwischen den Backofen auf 100 °C Ober- und Unterhitze vorheizen. Ein tiefes Backblech mit kochendem Wasser einschieben.

Durch vorsichtiges Aufklopfen der Gläser auf der Arbeitsfläche oder Umrühren mit einem Kochlöffelstiel, etwaige Luftbläschen aus den Einmachgläsern entweichen lassen. Nötigenfalls nochmals einige Trauben einlegen oder mit Flüssigkeit aufgießen (bis maximal einen Zentimeter unter dem Glasrand).

Die Gläser mit sauberen Deckeln verschließen und im Backofen im Wasserbad für etwa 40 Minuten pasteurisieren. Danach aus dem Ofen nehmen und abkühlen lassen. An einem trockenen, kühlen Ort vier Wochen ruhen lassen; erst dann sind die Trauben genussfähig. Nach dem Öffnen immer im Kühlschrank aufbewahren und zügig verbrauchen.

Tomates Yemistes

Gefüllte Tomaten sind eine typisch griechische Hausmannskost. Das Gericht steht und fällt mit nicht weniger als der besten Qualität der wenigen einfachen lokalen Zutaten. Die Speise passt als Hauptgericht genauso gut wie als Beilage oder Zwischenmahlzeit.

Für 4–6 Personen

8 mittelgroße reife Tomaten • Zucker • Salz • frisch gemahlener schwarzer Pfeffer • 1 große Zwiebel • ½ Tasse Olivenöl • ¼ Tasse Pinienkerne • 1½ Tassen Rundkornreis • ½ Tasse Sultaninen • 1½ Tassen heißes Wasser • 2 EL gehackte Petersilie • 2 EL gehackte Minze • trockener, milder Weißwein

Von den Tomaten den Deckel abschneiden, das Innere aushöhlen und die Tomaten innen mit ein wenig Zucker ausstreuen. Das Tomateninnere in einem Topf mit Salz, Pfeffer und einem halben Teelöffel Zucker weichdünsten, dann durch ein Sieb streichen.

Die geschälte Zwiebel kleinhacken und in der Hälfte des Öls in einem großen Topf glasig dünsten, die Pinienkerne hinzufügen und weitere 5 Minuten dünsten.

Nun Reis, Sultaninen, heißes Wasser und Kräuter hinzufügen, mit Salz und Pfeffer würzen. Zum Kochen bringen, zudecken und bei geringer Hitze 10 Minuten köcheln lassen, bis die Flüssigkeit vollständig aufgenommen ist.

Die Tomaten mit der Reismischung so füllen, dass ein wenig Platz bleibt, damit der Reis aufquellen kann. Die Deckel aufsetzen und die Tomaten in eine feuerfeste Form setzen. Den Backofen auf 150 °C Ober- und Unterhitze vorheizen.

Das pürierte Tomatenfleisch mit der gleichen Menge Weißwein in die Form gießen, das restliche Öl über die Tomaten gießen und diese nicht abgedeckt im Rohr etwa 30 Minuten backen. Heiß oder ausgekühlt servieren.

Carbonada criolla

Den kreolischen Eintopf kennt man von Argentinien, Chile und Bolivien bis Peru. Die Nachfahren der spanischen und afrikanischen Einwanderer schätzen derart deftige Gerichte mit ungewöhnlichen Zutaten.

1 kg Rindsgulaschfleisch • 2 EL Butterschmalz • 2 rote Zwiebeln • 2 Knoblauchzehen • je 1 gelbe und rote Paprikaschote • 3 Tomaten • 3 Karotten • 1 Stange Lauch • ½ Sellerieknolle • ½ Bund Petersilie • 1 Lorbeerblatt • 5 Pfefferkörner • Salz • Majoran • Cayennepfeffer (Cayenne-Chili) • Thymian • 250 ml trockener Weißwein • 500 ml Rindssuppe • 5 Kartoffeln • 1 Apfel • 300 g Kürbisfleisch • 1 Dose Mais • 2 Pfirsiche • 200 g kernlose Weintrauben (eine Handvoll davon als Dekor beiseitestellen)

Das Fleisch würfelig schneiden und in einem großen Topf im zerlassenen Butterschmalz kräftig anbraten.

Inzwischen die Zwiebeln schälen und kleinwürfelig schneiden. Den geschälten Knoblauch feinhacken. Die Paprikaschoten entstielen, entkernen, die Tomaten vom Strunk befreien und beides ebenfalls in Würfel schneiden. Dann in einem kleineren Topf – nötigenfalls mit etwas Fett – zuerst Zwiebel und Knoblauch, schließlich Paprika und Tomaten rösten. Alles zum Fleisch geben.

Karotten schälen, Lauch putzen, Ränder entfernen und in Scheiben schneiden. Sellerie schälen und in Würfel schneiden. Alles in den Fleischtopf rühren. Sämtliche Gewürze einstreuen, mit Wein und Suppe ablöschen und etwa eine Stunde bei geringer Hitze köcheln lassen.

Danach die geschälten, würfelig geschnittenen Kartoffeln sowie den Apfel und den Kürbis in Würfel geschnitten beigeben. Nach 15 Minuten den abgetropften Dosenmais, gewürfelte entsteinte Pfirsiche sowie ganze Weintrauben untermischen und noch einige Minuten mitköcheln lassen. Heiß, mit Weintrauben dekoriert, servieren.

Gefülltes Huhn

Das Rezept für dieses Gericht namens *Dijaj Ala Timman* stammt aus dem Irak. Die Füllung des Huhns mit Sultaninen und Nüssen wird umso authentischer, wenn man tatsächlich die Gewürzmischung *Baharat* verwendet. Diese besteht aus Zimt, Gewürznelken, Muskat, Kreuzkümmel, Koriander und Pfeffer sowie Paprika (oder Chili), die zur Farbgebung hinzugefügt wird.

Für 6 Personen

1 ganzes Huhn (circa 1,8 kg) • Salz • frisch gemahlener schwarzer Pfeffer • 60 g Ghee (Butterschmalz) • 125 ml Hühnerfond

Für die Reisfülle

½ Tasse Basmati-Reis • 1 Zwiebel • 125 g Ghee (Butterschmalz) • 60 g Pinienkerne • 60 g gehackte Walnüsse • 125 g Sultaninen • ½ TL Baharat-Gewürzmischung (alternativ: gemahlener Piment) • 250 ml Wasser • Salz • frisch gemahlener schwarzer Pfeffer

Den Reis waschen, bis das Wasser klar abläuft, dann gut abtropfen lassen. Die Zwiebel schälen und fein hacken. Das Ghee in einer Pfanne erhitzen und die Zwiebel darin glasig dünsten. Pinienkerne, Walnüsse und Reis einrühren und unter ständigem Rühren 5 Minuten lang dünsten.

Nun die Sultaninen, Baharat, Wasser, Salz und Pfeffer hinzufügen, gut umrühren und mit Deckel bei geringer Hitze etwa 10 Minuten dünsten, bis das Wasser aufgenommen wurde. Vom Herd ziehen und abkühlen lassen.

Das Huhn säubern und mit Küchenpapier trockentupfen. Das Innere mit der Reisfülle füllen und zunähen. Das Huhn außen mit Salz und Pfeffer einreiben. Den Backofen auf 150 °C Ober- und Unterhitze vorheizen.

Ghee in einer Bratenform zerlassen, das Huhn hineinsetzen und mit dem Ghee gründlich bestreichen. Den Hühnerfond in die Form gießen und das Geflügel rund 2½ Stunden braten. In dieser Zeit immer wieder mit dem Bratensaft bestreichen.

Das Huhn in Portionen zerteilen, die Füllung in der Mitte einer Servierplatte aufhäufen und mit dem Geflügel servieren.

Lamm-Pilav

Als *Pilav* (auch *Pilaw*, *Pilaf*) bezeichnet man in der Türkei generell in Bouillon gedünsteten Reis. Er kann als Beilage zu ebenfalls fetten, reichlich gewürzten Speisen gegessen werden oder wie hier als Mischgericht mit Lammfleisch (oder auch anderen Fleischsorten) zubereitet werden.

4 EL Olivenöl • 1 Knoblauchzehe • 3 EL blanchierte Mandeln • 2 gelbe Zwiebeln • 500 g Lammfilet • 750 ml Rindsbouillon • 1 TL Safranfäden • etwas Rosenwasser • 250 g Reis • Salz • 100 g Rosinen

Das Öl in einem Topf erhitzen; die geschälte, halbierte Knoblauchzehe und die Mandeln darin anrösten. Den Knoblauch und die Mandeln wieder herausnehmen. Die Zwiebeln schälen, fein würfelig schneiden und im Öl glasig dünsten.

Das Lammfleisch würfelig schneiden und im Topf kräftig mitbraten. Mit Rindsbouillon ablöschen. Nun die Safranfäden im Rosenwasser auflösen und gemeinsam mit dem Reis und den Rosinen zum Fleisch geben.

Nach einmaligem Aufkochen die Hitze reduzieren und den Reis bei niedriger Temperatur in rund 20 Minuten gar quellen lassen. Bei Bedarf mit Salz abschmecken. Begleitet von grünem oder Tomaten-Salat servieren.

Rheinischer Sauerbraten

Zugegeben, das Lebensmittel Fleisch steht in diesen Tagen immer mehr auf dem Prüfstand. Tatsächlich stammt dieses Rezept aus vergangenen Zeiten, als das tierische Produkt noch etwas Besonderes war und sich die ganze Familie am sonntäglichen Mittagstisch daran labte. Warum nicht die Vergangenheit zelebrieren, bietet dieses deutsche Gericht doch ein köstliches, süß-saures Erlebnis mit Rosinen.

1 kg Rindfleisch (z.B. Nuss) • 80 g Butterschmalz

Für die Marinade
2 Zwiebeln • 1 Karotte • 500 ml Wasser • 250 ml Weißweinessig • 1 TL Salz • 5 Pfefferkörner • 2 Gewürznelken • 1 Lorbeerblatt • 2 Wacholderbeeren

Für die Soße
125 g Rosinen • Salz • frisch gemahlener schwarzer Pfeffer • 75 g Lebkuchenbrösel • 1 EL Zuckerrübensirup • 250 ml Sauerrahm/saure Sahne

Das Fleisch waschen und trockentupfen. Für die Marinade Zwiebeln und Karotten schälen, Ränder entfernen und alles kleinwürfelig schneiden. Mit den übrigen Zutaten zusammen aufkochen und abkühlen lassen. Das Fleisch in einen Steintopf legen, mit der abgekühlten Marinade übergießen, bedecken und 2–3 Tage unter gelegentlichem Wenden im Kühlschrank ziehen lassen.

Das Fleisch herausheben, abtropfen lassen und im Butterschmalz anbraten. Die Marinade abseihen, das Fleisch damit übergießen und dieses in etwa 1½ Stunden garen. Dabei immer wieder Marinade darüberschöpfen.

In der Zwischenzeit die Rosinen für mindestens eine halbe Stunde in lauwarmem Wasser einweichen, danach abseihen und 15 Minuten in der Fleischmarinade mitschmoren. Die Soße mit Salz und Pfeffer würzen, mit den Lebkuchenbröseln andicken und mit Sirup sowie Sauerrahm verfeinern.

Der Sauerbraten samt Soße wird mit Kartoffelknödeln/klößen oder -puffern sowie Apfelmus gereicht.

Almond-Raisin-Muffins

Der Muffin stammt ursprünglich aus Großbritannien, wo traditionell zum Tee süßes Hefegebäck gereicht wurde und wird. Durch die Einwanderer gelangte das Backwerk nach Nordamerika. Dort werden die süßen Küchlein allerdings mit anderen Backtriebmitteln wie Backpulver oder Natron zubereitet.

Für 12 Muffins

Fett für die Form • 120 g Topfen/Quark (10 % Fett) • 4 EL Milch • 1 Ei • 6 EL Maiskeimöl • 60 g Feinkristallzucker • ½ Pkg. Vanillezucker • 1 Prise Salz • 225 g Weizenmehl • 1 Pkg. Backpulver • 50 g Korinthen • 50 g Rosinen • 50 g gehackte Mandeln • 1 Eigelb • 1 EL Milch

Den Backofen auf 200 °C Ober- und Unterhitze vorheizen. Die Vertiefungen einer Muffinform fetten. Den Topfen abtropfen lassen und durch ein Sieb passieren. Mit Milch, Ei, Öl, Zucker, Vanillezucker sowie Salz glattrühren.

Das Mehl und das Backpulver gemeinsam sieben, die Hälfte davon in die Topfenmasse einrühren. Die andere Hälfte des Mehls mit Korinthen, Rosinen und Mandeln vermischen und danach in den Teig kneten.

Zwölf Teigkugeln formen und in die Vertiefungen der Muffinform setzen. Eigelb und Milch verquirlen und die Muffins damit bestreichen. Im vorgeheizten Backofen etwa 20 Minuten backen. Nach dem Auskühlen servieren.

Apfelstrudel

Die noch heute in Österreich typische Mehlspeise dürfte wohl durch die Türkenkriege über Ungarn nach Wien gelangt sein. Gefüllte, gebackene oder gekochte Teigrollen waren ab dem 18. Jahrhundert auf dem Gebiet des Habsburgerreiches weit verbreitet. In puncto Füllungen ist eine großartige Vielfalt überliefert, ein Klassiker ist dabei der Apfelstrudel.

Für 2 Strudel

8 Äpfel • 1 EL Zitronensaft • 1 EL Zimtpulver • 100 g Sultaninen • 1 Pkg. Strudelteig (2 x 2 Blätter) • reichlich geschmolzene Butter zum Einfetten • 200 g Rohrzucker • 50 g Semmelbrösel/Paniermehl • Staubzucker/Puderzucker zum Bestreuen

Die Äpfel schälen, vom Kerngehäuse befreien und blättrig schneiden. In einer Schüssel mit dem Zitronensaft beträufeln, damit sie nicht braun werden. Das Zimtpulver darüber streuen, die Sultaninen untermischen und kurz beiseitestellen. Den Backofen auf 160 °C Ober- und Unterhitze vorheizen.

Inzwischen auf einer Arbeitsfläche ein sauberes Geschirrtuch ausbreiten, ein Blatt Strudelteig darauflegen, mit Butter bepinseln, mit 2 Esslöffeln Zucker sowie einem Viertel der Semmelbrösel bestreuen und ein weiteres Strudelblatt darüberlegen. Erneut mit Butter bestreichen und mit 2 Esslöffeln Zucker sowie einem zweiten Viertel der Semmelbrösel bestreuen.

Nun die halbe Menge der Apfelfülle entlang des unteren längsseitigen Teigrandes aufhäufen; dabei vom Rand etwa fünf Zentimeter Abstand lassen. 60 Gramm Rohrzucker über die Apfelmasse streuen. Jetzt die vordere Längsseite des Teiges über die Füllung klappen, dann die beiden Seiten einklappen. Mit Hilfe des Geschirrtuches den Strudel locker einrollen, mit der Naht nach unten auf ein mit Butter bestrichenes Backblech legen und Oberfläche sowie Seiten gut mit Butter bestreichen. Für den zweiten Strudel ebenso verfahren.

Die Strudel im vorgeheizten Rohr etwa 45 Minuten backen. Die Farbe sollte schön goldbraun sein. Kurz vor dem Servieren mit Staubzucker bestreuen und warm oder kalt servieren.

Christmas Pudding

In Großbritannien aß man seit jeher im Winter gerne *Plum Pudding*, wobei unter *plum* einst jede Art getrockneter Früchte verstanden wurde. Da der Früchtekuchen ebenso typisch britisch wie das Roastbeef war, kamen oft beide Speisen gemeinsam auf den Tisch. Tatsächlich harmonieren sie auch geschmacklich gut miteinander. Im Edwardianischen Zeitalter, Anfang des 20. Jahrhunderts, mutierte der *Plum* zum *Christmas Pudding*, wodurch sein Hauptverzehranlass unmissverständlich wurde. Flambiert oder nicht, mit Stechpalmenzweigen dekoriert oder ohne, in vielerlei raffinierten Formen und Erscheinungen – die Tradition des festlichen Desserts wird noch heute im Königreich gepflegt.

1 mittelgroßer Apfel • 90 g Semmelbrösel/Paniermehl • 160 g Sultaninen • 130 g Korinthen • 60 g Orangeat und Zitronat • ½ TL Lebkuchengewürz • 1 Prise Salz • 120 ml Weinbrand • 225 g gesalzene Butter (auf Zimmertemperatur) • 150 g Zucker • 6 Eier • 115 g Mehl • 1 TL Backpulver • gesalzene Butter zum Einfetten • Mehl zum Bestäuben

Den Apfel schälen, vierteln, das Gehäuse entfernen und das Fruchtfleisch fein hacken. Mit den Semmelbröseln, Sultaninen, Korinthen, Orangeat und Zitronat, Lebkuchengewürz, Salz und Weinbrand in einer Schüssel vermischen.

Die Butter und den Zucker mit dem Handmixer auf mittlerer Stufe 5 Minuten schaumig schlagen, dann die Eier unterrühren. Das mit Backpulver vermischte Mehl in den Teig sieben und vorsichtig unterziehen. Abschließend die anderen vermischten Zutaten unterheben.

Den Backofen auf 180 °C Ober- und Unterhitze vorheizen. Eine Kranzform gut mit der Butter einfetten und mit Mehl ausstäuben. Die Masse einfüllen und rund 40 Minuten backen. Mit einer Kuchennadel oder einem Holzstäbchen in die Mitte des Kuchens stechen – bleibt kein Teig mehr haften, ist der Pudding fertig.

Christstollen

Der Weihnachts- oder Christstollen hat im deutschsprachigen Raum eine lange Tradition. Der Überlieferung nach hat er seine Ursprünge in einem wenig schmackhaften Fastengebäck, das im Mittelalter weit verbreitet war. Über die Jahrhunderte entwickelte sich der magere Stollen durch Ergänzung um Butter, Früchte und Nüsse zu einer weihnachtlichen Köstlichkeit, die man noch heute gerne genießt.

Für 2 Stollen à 600g

750g glattes Weizenmehl plus mehr für die Arbeitsfläche • 50g Hefe • 150ml lauwarme Milch • 250g Butter • 65g Feinkristallzucker • abgeriebene Schale von 2 Bio-Zitronen • 2 TL Vanillezucker • 5g Salz • 50g Mandelblättchen • 125ml Rum • 50g kandierte Kirschen • 250g Rosinen • je 75g Aranzini und Zitronat • Staubzucker/Puderzucker zum Bestreuen

Das Mehl in eine große Schüssel sieben, in die Mitte eine Mulde drücken. Die Hefe in der Milch auflösen, in die Mulde gießen und mit etwas vom Mehl vermengen. Die Schüssel mit einem Tuch bedecken. Den Vorteig an einem warmen Ort 30 Minuten gehen lassen.

Danach den Vorteig mit dem Mehl, Butter, Zucker, Zitronenschale, Vanillezucker und Salz gut verkneten; nochmals 30 Minuten gehen lassen. Nun die Mandelblättchen und den Rum in den Teig einkneten; erneut 10 Minuten gehen lassen. Die kandierten Kirschen klein hacken und diese dann auf einer bemehlten Arbeitsfläche samt Rosinen, Aranzini und Zitronat langsam in den Teig einarbeiten. Den Teig nochmals zugedeckt an einem warmen Ort 10 Minuten entspannen lassen.

Den Backofen auf 180 °C Ober- und Unterhitze vorheizen; den Teig in zwei Teile teilen und Kugeln formen. Die Kugeln auf der bemehlten Arbeitsfläche etwa 4 Zentimeter hoch kreisrund ausrollen und zu Stollen zusammenschlagen (das heißt, den Teigkreis so zusammenklappen, dass ein Halbkreis entsteht). Die Halbkreise auf ein Backblech setzen und rund 50 Minuten backen. Danach die Stollen sofort mit Staubzucker bestreuen, bei Bedarf wiederholen.

Nach dem Erkalten die Stollen in Alufolie einschlagen und an einem trockenen Ort aufbewahren. Vor dem Aufschneiden nochmals mit Staubzucker bestreuen.

Kaapse Jongens

Was übersetzt so viel wie *Jungs vom Kap* bedeutet, ist in Südafrika auch unter dem Namen *Boerejongens* (für Bauernjungen) bekannt. Das Rezept für die köstlichen Früchte stammt ursprünglich von holländischen Einwanderern und wird am Kap gerne zu Käse, Eis und anderen Desserts genossen oder gleich direkt aus dem Einmachglas als Digestif-Happen verspeist.

Für 500 g eingelegte Früchte

500 g kernlose, weiße oder rote Speisetrauben • 250 g Zucker • 250 ml Wasser • 375 ml Weinbrand

Die Trauben entstielen, waschen und mit einer Nadel mehrmals einstechen. Auf mehrere saubere Einmachgläser aufteilen.

Zucker und Wasser in einem Topf erhitzen, unter Rühren den Zucker auflösen und etwas eindicken lassen. Vom Herd nehmen und den Weinbrand hinzufügen. Sirup kurz abkühlen lassen und über die Trauben gießen. Die Gläser mit sauberen Deckeln verschließen. Vor dem Genuss an einem trockenen, kühlen Ort mindestens 4 Wochen ziehen lassen. Nach dem Öffnen das Glas immer im Kühlschrank aufbewahren und den Inhalt bald verbrauchen.

Kaiserschmarrn

Um die Entstehung des österreichischen Mehlspeisklassikers ranken sich viele Legenden. Die zerrissene Konsistenz soll auf den Sturz eines kaiserlichen Dieners mit der Süßspeise direkt vor dem Kaiser zurückzuführen sein. Seine Majestät soll das süße Omelett fortan geliebt haben.

600 ml Milch • 280 g Weizenmehl • 1 Prise Salz • 50 g Rosinen • etwas Rum, alternativ: lauwarmes Wasser • 4 Eier • Butter zum Braten • Staubzucker/Puderzucker mit Zimtpulver gemischt

Milch, Mehl und Salz mit dem Handmixer verrühren, danach 30 Minuten rasten lassen.

Währenddessen die Rosinen in Rum einweichen, anschließend abseihen und gut abtropfen lassen.

Nach der Ruhezeit zuerst zwei Eier kräftig in den Teig einrühren, dann die anderen beiden Eier nur mehr locker untermischen und zum Schluss die Rosinen unterheben.

In einer Pfanne Butter aufschäumen und den Teig eingießen. Auf einer Seite goldgelb braten, vorsichtig wenden und mit der zweiten Seite ebenso verfahren. Auf einen gewärmten Teller heben, mit zwei Gabeln in kleine Stücke reißen und mit dem Zimt-Zucker bestäubt servieren.

Milchrahmstrudel

Um die Entstehung des Milchrahmstrudels (auch *Milli, Mülli, Mili* – mundartlich für Milch) ranken sich diverse Legenden. Obwohl bereits ein frühes Rezept mit dem Titel *Mülch Raimb Strudl* in einem anonymen Kochbuch aus dem Jahr 1696 gefunden wurde, soll die noch heute bekannte Mehlspeise erst im 19. Jahrhundert von einer Köchin namens Milli im Gasthaus *Zum roten Stadl* des Wirtes Franz Stelzer (1842 bis 1913) in Breitenfurt bei Wien erfunden worden sein.

Für 2 Strudel

100 g frische Weinbeeren oder Rosinen • etwas Rum sowie Wasser • 8 Eier • 200 g geschmolzene Butter • 200 g Zucker • 1 Pkg. Vanillezucker • abgeriebene Schale einer Zitrone • 375 g Sauerrahm • 1 Pkg. Strudelteig (2 x 2 Blätter) • geschmolzene Butter zum Einfetten • 50 g Semmelbrösel/Paniermehl • 250 ml heiße Milch

Für die Soße

250 ml Rum • 3 Eigelb • 1 Pkg. Vanillezucker • 1 TL Mehl

Die Rosinen mit Rum und Wasser in einem kleinen Topf erhitzen, einmal aufkochen, vom Herd nehmen, bedecken und auskühlen lassen. Wenn nötig abseihen, damit nur wenig überschüssige Flüssigkeit bei den Rosinen verbleibt.

Die Eier trennen, das Eiweiß zu steifem Schnee schlagen. Die Butter mit Zucker und Vanillezucker verrühren, Eigelb sowie abgeriebene Zitronenschale hinzufügen und Sauerrahm unterrühren. Abschließend den Eischnee vorsichtig mit einem Teigspatel unterheben. Den Backofen auf 160 °C Ober- und Unterhitze vorheizen.

Auf der Arbeitsfläche ein sauberes Geschirrtuch ausbreiten, ein Blatt Strudelteig darauflegen, mit Butter bepinseln und die zweite Lage darüberlegen. Die halbe Rahmmasse gleichmäßig bis zur Hälfte auf den Teig streichen, die Hälfte der Rumrosinen darauf verteilen, die halbe Menge Brösel darüber streuen. Den freien Teigstreifen oben mit Butter beträufeln. Die vordere Längsseite des Teiges über die Füllung klappen und die beiden Seiten einschlagen. Den Strudel mit Hilfe des Geschirrtuches vorsichtig aufrollen, mit der Naht nach unten auf ein mit Butter bestrichenes Backblech legen, das Backwerk selbst gut mit Butter bestreichen. Genauso für den zweiten Strudel verfahren.

Die Strudel im vorgeheizten Ofen etwa 30 Minuten goldbraun backen; mit der heißen Milch übergießen und noch 10 Minuten lang eindünsten lassen.

Kurz vor dem Servieren in einem Topf den Rum mit Eigelb, Vanillezucker und Mehl unter ständigem Rühren aufkochen und ein wenig eindicken lassen. Den Strudel damit übergießen und heiß servieren.

Sultaninen-Marillen-Kompott

Dieses Gericht, auf Türkisch *Üzüm ve Kayisi Hoşafi* genannt, ist ein gekochtes Fruchtdessert. Gekochte Früchte werden in der Türkei umgangssprachlich als *letztes Wort* bezeichnet, da jeder weiß, dass nach ihnen kein Gericht mehr folgt.

100 g Sultaninen • 50 g getrocknete Marillen/Aprikosen • 1 l Wasser • 200 g Rohrzucker

Sultaninen und Marillen über Nacht in Wasser einweichen.

Am nächsten Tag abgießen und mit dem frischen Wasser aufkochen. Danach bei verringerter Hitze 10 Minuten köcheln. Den Zucker beigeben und weitere 10 Minuten kochen. Im Topf abkühlen lassen.

In eine Schüssel oder kleine Dessertschalen füllen und gut gekühlt servieren.

Weintrauben in Sirup

In mediterranen Ländern wie Griechenland werden *Stafili Gliko* Besuchern als Zeichen der Gastfreundschaft auf einem Löffel, daher der Name, gereicht. Es handelt sich dabei um in Sirup eingelegte Früchte, Nüsse, essbare Blütenblätter und ähnliches. Ergänzend dazu serviert man meist ein Glas Wasser, das zur Ablage des Löffels nach dem süßen Genuss gedacht ist. Hier eine Version mit Weintrauben

1 kg kernlose Weintrauben • 120 ml frisch gepresster Zitronensaft • 1 kg Feinkristallzucker • 450 ml Wasser

Die Weintrauben mit dem Zitronensaft beträufelt etwa 3 Stunden bedeckt ziehen lassen.

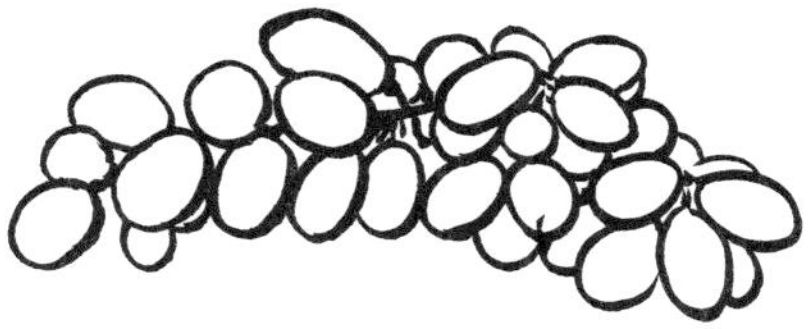

Den Zucker und das Wasser unter stetem Rühren aufkochen, bis sich der Zucker aufgelöst hat. Den Sirup 5 Minuten wallend kochen lassen. Dann die Hälfte der Weintrauben hinzufügen und 10 Minuten bei niedriger Hitze köcheln. Etwaigen Schaum abschöpfen. Den Topf vom Herd nehmen, mit einer Schöpfkelle die Weintrauben herausheben und in einem Sieb über einer Schüssel gut abtropfen lassen.

Den Topf mit dem Sirup auf den Herd zurückstellen und mit den restlichen Weintrauben genauso verfahren. Schließlich den gesamten, aufgefangenen Sirup zur verbliebenen Flüssigkeit im Topf hinzufügen und alles erneut aufkochen. Alle abgetropften Weintrauben wieder in den Topf geben und nochmals 5 Minuten köcheln. So nehmen die Früchte den Sirup bestmöglich auf.

Vom Herd ziehen, etwas abkühlen lassen, den Topf dabei gelegentlich schwenken und dann die Siruptrauben auf saubere Einmachgläser aufteilen. Vollständig abkühlen lassen und erst danach mit den sauberen Deckeln verschließen.

Vor dem Servieren einige Tage ruhen lassen. Für Gäste auf einem dekorativen Silberlöffel platzieren und als (traditionell südländisches) Zeichen der Gastfreundschaft, ergänzt um ein Glas Wasser, servieren.

SIMONE J. TASCHÉE

ist promovierte Handelsexpertin mit Schwerpunkt Food & Beverages. Als freie Redakteurin schreibt sie für österreichische Fachmagazine im Kulinarikbereich, zudem ist sie Autorin zahlreicher Fach- und Kochbücher rund um Kräuter und Gewürze. In Wien betreibt sie ihren eigenen Gewürz- und Chilihandel, wo sie auch regelmäßig Genussworkshops abhält.
www.simonetaschee.at sowie *www.chiliwerkstatt.at*

KLAUS POSTMANN

ist promovierter Wirtschaftshistoriker mit Schwerpunkt Handel & Marketing. Als diplomierter Weinakademiker ist er in der Weinbranche tätig, wo er als freier Redakteur für bekannte Fachmagazine schreibt. Er ist Autor zahlreicher Fachbücher rund um Wein und Lebensmittel, zudem betreibt er in Wien eine Kommunikationsagentur für Food & Beverages.
www.klauspostmann.at sowie *www.inthenameoffood.at*

QUELLEN

zu diesem Buch finden Sie unter
www.inthenameoffood.at/literaturquellen

REZEPTVERZEICHNIS

mandelbaums *kleine gourmandisen*

Jeweils 60 Seiten | Euro 14,– | Gebunden

ARTISCHOCKE
AVOCADO
BANANE
BASILIKUM
BIRNE
DATTEL
ERBSE
ERDNUSS
FEIGE
FENCHEL
GRANATAPFEL
GURKE
HASELNUSS
HEIDELBEERE
HOLUNDER
JOHANNISBEERE
KAKAO
KARFIOL BLUMENKOHL
KAROTTE MÖHRE
KICHERERBSE
MANDEL
MANGOLD
MARONE ESSKASTANIE
MELANZANE AUBERGINE
MOHN
MORCHEL
ORANGE
PASTINAK
PISTAZIE
QUITTE
RADICCHIO
RHABARBER
ROTE RÜBE ROTE BETE
SAFRAN
SALBEI
SELLERIE
SESAM
SPARGEL
STEINPILZ
TAFELTRAUBE
TOMATE
THYMIAN
VANILLE
WALNUSS
WEICHSEL SAUERKIRSCHE
ZIMT
ZITRONE
ZUCCHINI
ZWIEBEL